UN
BIENFAITEUR DES PAUVRES

DE LA VILLE DE METZ.

UN
BIENFAITEUR

DES
PAUVRES DE LA VILLE DE METZ

ÉTIENNE-Pierre MORLANNE

NOTICE BIOGRAPHIQUE

Par M. F.-M. CHABERT
Membre de l'Académie impériale de Metz

METZ

Typographie ROUSSEAU-PALLEZ, Libraire-Éditeur
RUE DES CLERCS, 14

JANVIER 1862

UN

BIENFAITEUR DES PAUVRES

DE LA VILLE DE METZ

ÉTIENNE-PIERRE MORLANNE.

> *Rien n'est plus capable de nous engager à bien vivre que l'exemple de ceux qui ont bien vécu.*
>
> *Trouvez-moi quelqu'un de plus heureux que celui qui sème le bonheur sur sa route, et qui passe ici-bas en faisant le bien.*

Une existence vouée à la pratique consciencieuse de tous les devoirs de la vie publique et de la vie privée, vient de s'éteindre. M. Morlanne a rendu son âme à Dieu...

Toute la ville de Metz a connu cet homme excellent qui était la providence des malheureux. On l'aimait, on vénère sa mémoire.

Étienne-Pierre Morlanne est né à Metz, le 22 mai 1772, sur la paroisse Saint-Marcel [1]. Il a passé sa vie au milieu de ses concitoyens, dans l'étude et le travail de la charité. Son nom brillera d'un éclat tout particulier dans la bio-

---

[1] Rue de la Vignotte, maison numéro 8.

graphie contemporaine des hommes modestes et utiles au pays, que peut-être un jour quelqu'un aura l'heureuse idée de mettre en relief.

Son père, Pierre Morlanne, chirurgien-major au régiment de royal-Pologne cavalerie, était fort considéré. Sa mère, Anne-Antoinette Janet, toute appliquée à ses devoirs de famille, était pieuse, intelligente et ménagère. Aux qualités indispensables à toute femme, l'amour de l'ordre, l'économie, l'activité laborieuse, Madame Morlanne unissait un jugement droit et sûr, une fermeté calme, une force remarquable de caractère. Aussi notre vénérable concitoyen ne parlait jamais de sa mère sans une émotion de respect aussi profonde que celle de la reconnaissance [1].

Le jeune Morlanne reçut une éducation libre, simple et rude, qui, sans éteindre en lui le feu de la jeunesse, lui assura de bonne heure la maturité des années et développa dans son âme le sentiment de la responsabilité. Madame Morlanne fit mieux qu'assurer à son fils une éducation solide; elle lui donna ces sortes de leçons d'honneur et de foi que rien ne remplace, et qui font les hommes et les chrétiens. Elle demanda à son fils d'être vrai et bon. Il n'eut aucune peine de l'être, car il trouvait dans sa digne mère l'exemple de la sincérité et de la bonté. Elle fit de lui un enfant heureux, un esprit sain et une âme aimante, en un mot, une créature de Dieu.

Dès l'adolescence, Étienne Morlanne sut se gouverner, se suffire à lui-même. Tout jeune encore, ce besoin du dévouement propre aux hommes de bien se montra en lui. Sa foi devint ardente et son zèle n'eut d'autres bornes que celles que la nature avait imposées à sa force physique. Il eut le rare mérite d'accomplir ses

[1] Madame Morlanne mourut octogénaire. Son mari était mort à 45 ans, à Niort, dans la force de l'âge et du talent.

premières bonnes actions, sans le plus secret mouvement de vanité, avec cet air de bonhomie qui ôte jusqu'à la pensée du sacrifice. Enfin il sut distinguer le véritable courant vers lequel tout cœur honnête et bienfaisant doit se laisser attirer, dans les deux fluides parallèles qui existent dans la société : l'un pur et limpide, qui rafraîchit et féconde, qui porte la vie; l'autre corrompu, qui frappe de stérilité et sème la désolation.

Que de fois avons-nous entendu le sage vieillard exprimer avec chaleur combien il importerait aux parents, aux maîtres, de prévenir davantage les jeunes gens contre les séductions fâcheuses de celui de ces courants qui porte la mort avec lui; combien encore il importerait avant tout de réformer les hommes eux-mêmes, de déraciner de leur cœur le respect humain, de leur inspirer le courage nécessaire pour résister aux entraînements irréfléchis, et pour marcher dans leur liberté en répondant à l'appel de leur conscience. Redoutable problème qui est l'épée de Damoclès suspendue sur la civilisation. « Hélas! ajoutait » l'estimable octogénaire, nous ne nous faisons pas illusion, » nos paroles seront emportées par le vent qui souffle et » qu'il n'est pas en notre pouvoir de détourner ou d'apaiser. » Car nous savons que d'autres voix plus puissantes ont » été récemment méconnues. »

Pour nous, nous espérons que grâce à ces intelligences nobles et dévouées, apôtres ou martyrs du devoir et de la charité, un grand travail intérieur s'accomplit. Maintenant il y a des terrains neutres où les esprits généreux, quelle que soit l'opinion à laquelle ils appartiennent, peuvent se rencontrer et se donner la main. Autrefois, parler de bonne foi, de conciliation et de concorde, n'eût-ce pas été s'exposer au danger d'être renié par les uns et par les autres?

Pour répondre au dévouement de sa mère, Étienne Morlanne lui fit sentir tout ce que l'amour filial a de plus vif et de plus touchant. Enfant réfléchi, enclin aux belles inspirations, il reçut avec docilité les impressions maternelles, qui sont les plus durables. La respectable Madame Morlanne veillait avec d'autant plus de vigilance sur son cher fils, qu'elle avait sans cesse présente à l'esprit cette pensée que toujours l'homme apporte en naissant, le germe des passions; que, si toutes ne prennent pas le même développement, il en est pourtant toujours quelqu'une qui tend à dominer et sollicite l'âme d'une manière plus sensible, et, par suite, plus dangereuse.

Sous les cheveux blancs, Morlanne aimait à raconter lui-même avec simplicité et bonheur ses années d'études et de première jeunesse, son temps de séminaire et de noviciat ecclésiastique, ses velléités de vie religieuse, toujours persévérantes, alors même que se levaient les jours de vague inquiétude qui précédèrent le terrible éclat de la Révolution française. Si la tourmente vint renverser les beaux rêves de l'ordinand, elle ne le fit point rompre avec les bonnes instructions et les saintes pratiques qu'il avait reçues.

Contraint de renoncer à sa première vocation, Etienne Morlanne se tourna vers un autre apostolat. Il songea à se faire médecin, et suivit, dans ce but, les cours restés célèbres, enseignés à l'hôpital militaire de Metz, d'où sont sortis une foule d'hommes habiles et de savants, tels que Louis, Colombier, Pilâtre du Rosier, Chaumeton, Lallemand, Gorcy, Rampont, Gama et tant d'autres. Il se montra sérieux et passionné pour la science, et acquit rapidement des connaissances approfondies dans les parties principales de l'art de guérir. Ses chefs l'avaient pris en estime tandis que ses camarades lui accordaient sur eux une influence que justifiaient son zèle pour l'étude et son caractère toujours égal et affectueux.

Il avait obtenu le 15 juin 1793, de l'ordonnateur de la 3e division militaire à Metz, sa commission d'élève en chirurgie de l'hôpital de cette ville. Admis bientôt, comme chirurgien de troisième classe, il était encore attaché à cet hôpital lorsqu'il fut appelé à comparaître devant l'accusateur public.

Etienne Morlanne s'était exposé à fréquenter un de ses anciens professeurs du séminaire, prêtre fidèle, qui n'exerçait son ministère qu'en secret [1]. Un pieux stratagème du commissaire des guerres, chargé de la police de l'hôpital, et les démarches de deux amis [2] de la famille Morlanne, membres influents de la société populaire, sauvèrent le fervent jeune homme, auquel fut délivré, par les soins de ces trois honorables personnes, un certificat de civisme. Ce moyen rendit l'accusé inviolable.

Dans une autre occasion, Morlanne faillit être moins heureux. Il avait contribué à préserver de la destruction les cloches de Saint-Simon, aujourd'hui paroisse du Fort. Cette fois, pour échapper à l'incarcération, il demeura caché pendant plusieurs jours dans une maison écartée du village de Devant-les-Ponts. Enfin il put sortir de sa retraite, grâce à la généreuse médiation de M. Silly, architecte et directeur de l'hospice militaire, établi dans la maison ayant appartenu aux chanoines réguliers.

Dès lors le jeune chirurgien ne se fit plus remarquer que par la haute idée qu'il avait conçue de sa profession, par les mœurs sérieuses qu'il y apportait, par les études consciencieuses auxquelles il se livrait pour en remplir fidèlement tous les devoirs. Il était stimulé par cette louable

---

[1] Madame Morlanne elle-même avait fourni à ce respectable prêtre les moyens de célébrer le Saint-Sacrifice.

[2] Nous nommons ici avec joie M. Purnot, notaire, et M. Michel, directeur de la poste aux lettres à Metz, notre aïeul maternel. Tous deux honnêtes hommes, ils n'usèrent de leur crédit auprès des représentants du peuple Saint-Just, Lebas, Boudot, ou Lacoste, que pour obtenir des ordres de mise en liberté et arracher à la mort ou aux prisons d'innocentes victimes. Dans différentes circonstances ils risquèrent même leur propre tête. Plusieurs citoyens qui leur durent la vie ont noblement avoué leur dette.

pensée que le travail, qui est le bonheur de la vie, s'il ne laisse pas toujours la gloire après lui, laisse du moins une douce et enviable renommée. C'était un digne jeune homme qui n'écoutait que son cœur, et qui faisait simplement un noble usage de l'argent déjà gagné par son mérite, et des revenus de son patrimoine dont son excellente mère lui permettait de disposer.

Le 6 vendémiaire an iv (28 septembre 1795) une décision du comité du salut public, prise sur la présentation du conseil de santé, établi par la loi du 12 pluviôse an iii, appela Morlanne à faire partie de l'armée du Rhin et Moselle, avec un traitement de deux cents livres par mois. Il dut se rendre sans délai au quartier-général où il fut bien accueilli par les officiers de santé en chef.

Sous les drapeaux, on admira en lui l'amour désintéressé de la patrie, le sentiment le plus délicat de l'honneur national, l'activité soutenue par la prudence. Son séjour à l'armée s'écoula sans nuage. Sa tendre confiance en sa mère et l'appui toujours sûr qu'il trouvait dans ses principes religieux, faisaient de lui le type du jeune homme bien élevé. L'horreur instinctive du vice, fruit d'une éducation chrétienne, le préserva de la corruption dont l'atmosphère pestilentielle l'enveloppait de toutes parts. Jamais il ne donna de scandale, même dans les années les plus difficiles de sa longue carrière. Avec sa foi pratique, la raison et l'honneur étaient chez lui une digue suffisante à l'impétuosité des mauvais penchants qui ont leur source dans notre nature.

La correspondance intime du jeune chirurgien est remplie d'abandon et toute semée de ces nobles aspirations, de ces naïves espérances qui, à l'aurore d'une ère de liberté, animaient la jeune génération et la poussaient dans des voies fort diverses, il est vrai, mais toutes ouvertes à des pensées généreuses. L'une de ses lettres à sa mère est le programme de sa vie, toute de dévouement, programme qu'il a fidèlement exécuté jusqu'à son dernier soupir. Madame Morlanne continuait à donner à son fils les conseils d'une mère aussi prudente que tendre : « ... Faites, lui écrivait-elle, tout ce qu'il faut pour vous bien porter ; ayez toujours une conscience sans reproche, et préservez-vous de la contagion du mauvais exemple. Je vous aime bien et je vous bénis, mon cher enfant... »

Cependant les désordres qui se passaient aux armées, affligeaient Morlanne et l'avaient dégoûté du service. Il lui tardait d'ailleurs de pouvoir revenir au sein d'une famille où sa tendresse était si bien payée de retour, et de continuer ses études en même temps que donner un aliment à son ardente charité. Sa démission, offerte par trois fois, fut enfin acceptée.

L'ex-chirurgien militaire s'empressa de rentrer à Metz et passa quelques semaines dans les épanchements de la plus douce amitié. Heureux d'être fixé désormais auprès de sa mère, il s'en remit entièrement à ses lumières, à son expérience, pour le parti définitif qu'il avait à prendre. Au reste, Madame Morlanne, comme son fils, était entièrement persuadée qu'il n'est permis à l'homme, dans aucune condition, de se considérer comme dispensé de l'obligation de s'appliquer, dans une certaine mesure, au service du pays dans le sein duquel il a plu à la Providence de le faire naître. Il y a là, en effet, un devoir strict, non-seulement envers les autres, mais encore envers soi-même. Pour des natures privilégiées, le service de la patrie, de la religion, de la profession, devient un engagement à vie. La récompense de ces hommes d'élite consiste dans le sentiment même de l'utilité de leur personne et dans la conscience de la grandeur de l'œuvre à laquelle ils coopèrent. Souvent, à la vérité, il est méconnu celui-là qui se dévoue. Mais, n'importe, il lui reste la conscience d'avoir agi avec droiture, sagesse et patriotisme. Puis, sans se laisser décourager ni abattre, se reposant sur lui-même et sur les amis qu'animent les mêmes tendances et qui fortifient ses pensées par le concours des leurs, il dirige avec sérénité ses regards vers l'avenir.

Morlanne, simple dans ses goûts, dépourvu d'ambition, est résolu à faire le plus de bien possible. Il ne cherchera qu'à être utile à ses semblables et à développer encore son amour naturel pour les malades et les pauvres. La médecine pouvait servir admirablement ses vues bienfaisantes, il s'y donna tout entier.

Quoique l'enseignement eût été supprimé à l'hôpital militaire de Metz, les anciens professeurs ne continuaient pas moins, avec un désintéressement au-dessus de tout éloge, de donner leurs leçons et de former de nombreux élèves. Non-seulement Morlanne suivit ces nouveaux cours, mais encore il eut la bonne fortune d'être associé à la tâche laborieuse des maîtres.

Il remplaça souvent l'honorable M. Ibrelisle père dans la charge de chirurgien du dépôt de mendicité, à l'abbatiale Saint-Vincent. Ibrelisle et Morlanne avaient l'amour du prochain, et s'unirent d'une amitié étroite. Cette communauté de vues les fit désigner par le district, comme professeurs de l'école d'accouchement placée dans le même local. En 1800, un arrêté de M. Colchen, préfet du département de la Moselle, transféra encore à l'abbatiale les fous et les épileptiques qui étaient en grand nombre à l'hospice Saint-Nicolas. Une partie de l'ancien hôtel de l'abbé des religieux bénédictins de Saint-Vincent, fut alors convertie en maison de force.

La misérable existence de ces malheureux émut profondément Morlanne qui, quelques années plus tard, lorsqu'on eut retiré le mobilier et le linge à l'usage du dépôt, pour les donner aux prisons, accepta l'entreprise de fournir tout ce qui était nécessaire à l'entretien de l'établissement, moyennant la faible rétribution de trente-cinq centimes par journée et par individu. L'adjudication des fournitures nécessaires avait été essayée à plusieurs reprises,

et aucune personne solvable ne s'étant présentée, le jeune
et charitable messin se dévoua et prit de son propre mouvement un fardeau qui absorba, pendant plusieurs années,
la plus forte part de son patrimoine et de ses honoraires.
Ce patrimoine tout entier passera dans de pieuses fonda-
tions ; il ne suffira pas. Aussi dévoué dans les privations
qu'ingénieux dans l'économie, tout ce que Morlanne pourra
épargner ira grossir le budget des pauvres ; il engagera
même son avenir. Sa charité sera inventive comme toutes
les grandes passions, il fera argent pour les infirmes,
les incurables ou les vieillards malheureux, de tout ce
qu'il possédera, et le moindre cadeau se transformera en
quelque chose d'utile pour ses malades.

Les vertus et l'aptitude de Morlanne lui méritèrent de
bonne heure l'estime générale. Aussi, lorsqu'en exécution
de la loi du 19 ventôse an XI, un certificat de ce qu'il a
été et de ce qu'il a fait jusqu'alors lui est demandé,
M. Goussaud, maire de la commune de Metz, et deux
notables désignés par le préfet, MM. Marchant et Jaunez,
s'empressent d'attester ce qui suit :

« Le citoyen Étienne-Pierre Morlanne a fréquenté avec
le plus grand succès les cours théoriques et pratiques de
l'hôpital militaire. — Il a exercé avec distinction l'état de
chirurgien dans la ville et au dépôt de mendicité. — Il est
aussi connu par ses talents que par sa bienfaisance et
l'humanité avec lesquelles il soulage les pauvres qui ont
recours à lui. »

Au bas d'une autre pièce signée par M. Marchant, en sa
qualité de médecin en chef de l'hôpital militaire de Metz, on
trouve les lignes suivantes tracées de la main de cet habile
administrateur :

« Morlanne est très-instruit, doué d'une excellente mémoire et d'une belle intelligence. Il a bien secondé ses
anciens professeurs lors des cours faits gratuitement, et a
formé lui-même des élèves en chirurgie dont quelques-uns

lui font honneur. Morlanne est très-considéré à juste titre. Il est fort adroit et presque toujours heureux dans ses opérations. C'est le *médecin bienfaisant*. On ne peut être plus capable et plus accessible à tous que Morlanne. Pour moi, je l'estime particulièrement. »

Dans une dépêche écrite le 18 floréal an XII, également par M. Marchant et adressée à M. Emmery, sénateur, nous lisons que « les succès obtenus par le jeune professeur à l'école d'accouchement de Metz, les personnes qu'il y a instruites et dont les services ont été déjà appréciés sur quelques points du département, enfin ses soins et ses largesses partout multipliés, ont scellé la réputation de *médecin très-capable et de vrai philanthrope* accordée au citoyen Morlanne. »

Le 3 novembre 1807, la Société de médecine de Paris admettait Morlanne en qualité de membre associé national. L'envoi du diplôme qui constatait cette nomination flatteuse, était accompagné d'une lettre conçue dans les termes les plus élogieux. M. le docteur Sédillot, secrétaire général, en était l'auteur.

Morlanne étant observateur, savait à quels immenses résultats peuvent conduire l'étude attentive et soutenue de la nature, et l'application des moyens les plus simples. C'est pourquoi il mit le plus grand zèle à l'introduction, ensuite à la propagation de la vaccine dans notre pays. Dès qu'il eut connu les nombreux essais, par lesquels l'illustre Jenner était enfin parvenu à se convaincre de l'efficacité de la vaccine pour préserver de la variole, il accueillit l'importante découverte avec la faveur dont elle lui paraissait digne. Il se livra lui-même à des expériences souvent répétées pour faire voir que c'était un préservatif sûr, et publia à ses frais, chez Verronnais, imprimeur à Metz, une traduction de l'immortel ouvrage intitulé : *Recherches sur les causes et les effets des Variolæ vaccinæ* (Londres, 1798).

On se plaît à citer le nom de Morlanne parmi les auteurs qui ont favorisé l'introduction de la vaccine. Il s'honora d'avoir contribué, par son initiative et par ses écrits, à répandre dans nos contrées le bienfait impérissable de Jenner.

A partir de 1800, l'école d'accouchement établie dans l'ancien local du dépôt de mendicité, fut l'objet de constantes améliorations dues au zèle et aux largesses de Morlanne. Des élèves y furent formées chaque année, par ses soins, à cette partie si intéressante de la chirurgie. Elles reçurent aussi des connaissances accessoires, telles que celles de la vaccine, de la saignée et des principales maladies auxquelles les enfants du premier âge sont sujets.

Un mémoire qu'il adressa au préfet, et dans lequel il établit les vrais caractères de la pustule, la marche régulière de l'inoculation vaccinique et les époques pendant lesquelles le pus jouit de toute sa force prophylactique, décida l'autorité départementale à reconnaître l'utilité du dépôt de vaccine créé par Morlanne. Dès lors la vaccination fut largement pratiquée dans la Moselle, en dépit de la répugnance. C'est ainsi que, par l'opiniâtre initiative d'un seul, des milliers de personnes furent promptement délivrées de la funeste influence de la variole.

L'ardeur de ce partisan dévoué de la vaccine, chez nous, ne se ralentit jamais, et ce qui ajoute encore à la grandeur du bienfait assuré par notre compatriote, c'est qu'il l'étendit à des contrées voisines, en le pratiquant, depuis 1801 et toujours gratuitement pendant soixante ans, sur un grand nombre de militaires et de gens des campagnes.

Dès 1811, le gouvernement reconnut, par une médaille d'or, le service spécial que Morlanne avait rendu, l'un des premiers en France, en propageant la vaccine. Une seconde médaille semblable lui fut adressée en 1816, au nom de Louis XVIII, comme témoignage de sa royale satisfaction.

Morlanne professait un cours de vaccine, qui, à différentes époques, compta, parmi ses auditeurs, des médecins appartenant à la garnison ou venus des départements limitrophes, pour entendre les leçons de ce disciple de Jenner. Plusieurs d'entre eux sont devenus célèbres. L'administration municipale de Metz, en 1819, prit ce cours sous son patronage.

Dans ses dernières années, ses efforts toujours persévérants pour répandre de plus en plus dans les communes rurales l'application du remède désormais préconisé comme un préservatif infaillible contre l'affreuse maladie qui naguère moissonnait tant de victimes et qui laissait souvent les plus hideuses traces chez ceux qu'elle épargnait, méritèrent encore à l'infatigable vieillard de participer aux encouragements accordés par le ministère de l'agriculture, du commerce et des travaux publics. Il se plaisait d'autant plus à recevoir ces encouragements que les médailles décernées aujourd'hui sont frappées en l'honneur de Jenner, pour la mémoire duquel il avait la plus grande vénération.

On sait que l'obstination de certains propagateurs de la vaccine à nier l'existence de plusieurs cas assez graves de petite-vérole, qui se sont manifestés malgré l'inoculation antérieure et la marche régulière de la vaccine, porta les ennemis de la nouvelle pratique, surtout en Angleterre, à exagérer le nombre et la gravité des cas de récidive. Les faits ont fini par être appréciés et n'ont servi qu'à confirmer les avantages de la vaccination. Des cas observés avec soin en Europe et en Amérique, ont en effet prouvé que les personnes qui ont été vaccinées sont parfois sujettes à contracter la petite-vérole après un laps de dix ou quinze ans, lorsque la variole est épidémique et très intense, quoiqu'en général la maladie qui se manifeste chez ces individus soit bénigne. Avouons toutefois que deux opinions antagonistes se sont produites sur cette question de la plus haute importance, et que toutes deux ont eu pour soutiens des médecins instruits, observateurs et consciencieux : *Faut-il au bout d'un certain temps avoir recours à une nouvelle vaccine, la première n'ayant qu'une vertu préservatrice, limitée quant au temps ?*

Morlanne se proposait de traiter cette question et de présenter ses conclusions basées sur sa vieille expérience et l'observation des faits. Son travail à ce sujet est resté malheureusement inachevé ; il eût complété l'*Opuscule sur la Vaccine*, dont nous dirons quelques mots plus loin. Toutefois la pratique suivie par le vénérable vieillard et ce que nous avons retenu de plusieurs entretiens que nous eûmes avec lui sur le point dont il s'agit, nous permettront d'avancer qu'il penchait à voir les personnes vaccinées se faire inoculer de nouveau, après une période de dix ou quinze ans, pour s'assurer contre toute chance de contracter la variole. Dans une dissertation entre lui et le docteur Moizin, nous trouvons les phrases suivantes de la main de Morlanne : « La seconde inoculation produit » rarement les pustules de vraie vaccine, et, dans ce » cas, l'inaptitude à la variole reste démontrée. Si, au » contraire, la vaccine se manifeste, la personne demeure » à l'abri de la petite-vérole jusqu'à la fin de ses jours. » (Lettre du 3 mai 1847.) Le manuscrit laissé par Morlanne, contient l'analyse des résultats différents obtenus par Bousquet, auteur estimé d'un *Traité de la Vaccine et des Éruptions varioleuses;* Dezeimeris, zélé partisan de la vaccination répétée ; Gaultier de Claubry, le savant rédacteur du rapport sur la question lue à l'Académie nationale de médecine : il porte pour épigraphe ces lignes auxquelles la même Académie a donné pleinement sa sanction : « Avant qu'on ait regardé les personnes vaccinées comme tout à fait à l'abri de la variole, l'on a pu laisser à chacun le choix entre la vaccine et cette dernière affection. Aujourd'hui il ne saurait plus en être ainsi; celui qui conserve l'aptitude à contracter la variole, qui se refuse à la vaccine, ne compromet pas seulement sa santé et son existence, il compromet la santé et l'existence de ceux qui ont été vaccinés. La société a le droit de l'obliger à faire le sacrifice d'un sot entêtement ou d'une dangereuse insouciance pour la santé générale; et si les moyens de persuasion et d'encouragement ne suffisent pas, il faut réclamer des mesures législatives, dont l'utilité serait alors démontrée. »

La brochure [1] que Morlanne fit paraître en 1856, sous le titre modeste : *Opuscule sur la Vaccine*, est le fruit d'une longue expérience ; ce mémoire présente un vif intérêt au double point de vue de la science et de la pratique. Il est, comme il le dit lui-même, *le programme spécial de la Vaccine; ce qu'il contient est à la portée de tout le monde ; chacun y trouve des préceptes pour diriger la pratique dans une opération familière, à la vérité, mais dont l'utilité est incontestable pour la conservation de tous les petits enfants qui aspirent à la vie.* Voici l'analyse des sujets traités : *Définition de la Vaccine. — Son inoculation. — Ses effets. — Sa salutaire influence contre les épidémies de la Petite-Vérole. — Elle est exempte de contagion. — Elle doit être généralement adoptée. — Divers cas d'observations pratiques. — Accidents. — Traitement.*

Notre incompétence nous interdit d'apprécier la matière développée dans ce petit ouvrage qui a valu à son auteur de sincères félicitations. Des médecins du plus haut mérite, l'Académie impériale de médecine, par l'organe de son secrétaire perpétuel, ne dédaignèrent pas de transmettre des témoignages flatteurs. Nous nous contenterons d'applaudir aux sentiments chrétiens que l'auteur y a déposés. Parmi les lettres de remerciements qui lui furent adressées pour l'envoi de ce livre qu'il fit à des personnages considérables par leur position, hommes de cœur et éclairés, nous

---

[1] In-8°, Metz, imprimerie de M. Blanc.

ne pouvons résister au désir de reproduire la lettre suivante. Elle est entièrement écrite de la main de M. Woirhaye, premier président de la cour impériale de Metz, et honore particulièrement la mémoire du digne médecin :

« Metz, le 5 octobre 1856.

« Monsieur et vénéré concitoyen,

« Je vous remercie d'avoir pensé à moi dans la distribution de votre œuvre sur la vaccine. Ce travail, qui vous honore, montre que le temps ne diminue chez vous aucune des facultés que l'étude et sa constante application ont communiquées à votre esprit. Vous continuez de justifier ainsi les récompenses honorifiques qu'a décernées à vos utiles services notre cité reconnaissante. Pour moi, je suis heureux de joindre mon modeste suffrage au suffrage de tous.

« Je suis reconnaissant de tout ce que votre lettre contient d'obligeant pour moi, et je vous prie d'agréer, par réciprocité, l'expression bien sincère de mes sentiments de haute estime et de respectueuse considération. »

En 1859 et 1860, alors que l'horrible fléau appelé variole s'étendait à plusieurs communes du pays, Morlanne envoya immédiatement du vaccin dont il conservait toujours le dépôt chez lui, aux maires ou aux médecins qui lui en demandèrent. La petite-vérole attaquait les hommes, principalement les adultes : quant aux tout jeunes enfants, aucun n'eut à souffrir..... Les renseignements que les autorités locales firent connaître à l'administration supérieure, attestent partout les effets salutaires du virus-vaccin inoculé, et le service signalé rendu encore dans cette circonstance par le généreux Morlanne aux populations atteintes ou menacées par la maladie.

Ce dévouement soutenu avec lequel le bon vieillard s'est livré à la propagation de la vaccine jusque dans les derniers jours de sa vie, lui mérita un dernier témoignage de profonde affection et de la plus haute sympathie. Sur la proposition de l'Académie impériale de médecine, S. Exc. le ministre de l'agriculture et du commerce accorda à notre vénérable concitoyen une médaille d'or, prix exceptionnel destiné à rappeler et à confirmer les nombreuses récompenses que les différents gouvernements s'étaient fait honneur de lui donner ou de lui renouveler, depuis 1811 jusqu'à notre époque. L'Académie de médecine en fit l'objet d'une mention publique dans sa séance annuelle du 17 décembre 1861, et s'associa à l'empressement louable que l'une de ses illustrations mit à rendre un hommage solennel à la grande carrière de notre vertueux compatriote. Noble carrière, en effet, qui s'est toujours maintenue dans la ligne de la plus sévère indépendance, et qui offre le modèle d'une vie glorieusement menée, et d'une renommée obtenue par le seul art de flatter le cœur humain dans ses intérêts délicats et élevés.

Morlanne avait 28 ans lorsqu'il forma, parmi les élèves qui fréquentaient assidûment ses cours, une association pour accoucher les femmes pauvres, leur porter toutes sortes de secours à domicile, vacciner et soigner, en cas de maladie, leurs enfants, et visiter les pauvres malades dans les campagnes. Quatre années plus tard (1804), M. Marchant jetait les fondements de la Société de Charité Maternelle qui a pour but d'assister les femmes indigentes en couches, de les encourager à nourrir leurs enfants et de veiller sur le sort des nouveaux-nés. C'est encore M. Marchant qui a fait concéder à cette Institution le local qu'elle habite aujourd'hui, et qui a invité le Conseil municipal à assurer un traitement aux personnes qui y sont employées. L'association fondée par Morlanne fut appelée à diriger le nouvel établissement, et reçut le nom d'Institut des Sœurs de la Charité Maternelle, sous l'invocation de sainte Félicité. Qui ne connaît à Metz le concours actif et dévoué que Morlanne a prêté à cette utile société, dont il fut si longtemps l'âme. Elle lui doit cette belle organisation qui porte, chaque année, à plus de trois cents familles, assistance matérielle et morale.

L'Institution des Sœurs de la Charité Maternelle, vulgairement nommées Sœurs de la Maternité, a été approuvée par une ordonnance royale en date du 2 décembre 1814, dont voici le préambule : « Louis, par la grâce de Dieu, roi de France et de Navarre... D'après le compte qui nous a été rendu de l'utilité de l'Institution des Sœurs de la Charité Maternelle, formée à Metz, par les soins du sieur Morlanne ; voulant consolider cette Institution, et la mettre à même d'étendre les services qu'elle rend à nos sujets, et particulièrement à la classe indigente... » En vertu de cette ordonnance, l'association a été placée sous la surveillance de la commission administrative des hospices de Metz, à laquelle Morlanne fut adjoint pour cet objet, et cette Institution a été déclarée capable d'accepter, en se conformant aux formalités prescrites par les lois et les règlements, les legs ainsi que les donations qui seraient faits en sa faveur.

Nous extrayons des statuts, tels qu'ils ont été confirmés par la même ordonnance, les détails ci-après :

« L'association est gouvernée par une supérieure générale qui réside à Metz, à l'hospice de la Maternité ; ses fonctions consistent à surveiller la distribution des secours donnés aux pauvres femmes par la Société, et à pourvoir aux besoins des autres sœurs qui sont ou seront dans les diverses maisons composant ensemble l'établissement.— Les biens des diverses maisons sont communs à toutes : la supérieure en fait la répartition. — Elle nomme les supérieures locales, place et déplace les Sœurs, suivant le besoin et les circonstances.— Il y a huit Sœurs, à Metz, destinées au service de la Société de la Charité Maternelle, savoir : quatre pour le service intérieur de l'hospice : la supérieure, l'infirmière de la salle des accouchées, la cuisinière, la lingère qui est chargée de la pharmacie ; les quatre autres sont pour les accouchements et les accidents du dehors ; elles ont chacune un quartier distinct. — Chaque Sœur conserve la propriété et la jouissance des biens et des revenus qui lui appar-tiennent et de ceux qui peuvent lui échoir par succession. Elle peut en disposer à son gré, conformément au code civil et au décret du 18 février 1809. — Le temps de probation, pour être reçue Sœur de l'association, est d'un an. — Pour être admises, les Sœurs promettent d'être soumises à la supérieure et d'obéir aux règles d'ordre et de discipline intérieure prescrites par le règlement particulier ; elles s'engagent en outre à rester attachées à l'établissement pendant cinq années consécutives. Après ce temps, elles s'engagent de nouveau d'année en année, et ainsi de suite, si cette condition leur convient, et si elles-mêmes conviennent à l'établissement par la régularité de leurs mœurs, par leurs vertus, leur talent et leurs soins charitables envers les malheureux. — On ne peut entrer dans l'établissement comme postulante qu'à l'âge de dix-huit ans, et s'engager qu'à celui de vingt ans. On est reçue sans aucune dot. — Les qualités nécessaires pour être admises dans l'Institut, sont : la force et la santé du corps, pour résister aux fatigues ; un esprit assez développé pour acquérir facilement les connaissances de l'art des accouchements et celles de la médecine des pauvres ; une réputation intacte, une piété sincère, un caractère doux et patient, enfin un cœur généreux et compatissant aux infirmités des pauvres. — Les Sœurs ont un costume uniforme, simple et modeste, qui n'emprunte rien de particulier des costumes des personnes composant les sociétés de charité ou congrégations religieuses établies avant elles : elles portent suspendue au cou une croix d'argent avec cette légende : *Charité maternelle.* »

Telle est la substance des statuts rédigés conjointement par MM. Marchant et Morlanne, dont l'esprit supérieur se reflète dans chacun des articles. Ces citoyens, sincèrement amis du peuple, ont été les premiers bienfaiteurs de l'établissement hospitalier organisé par eux avec une si touchante persévérance. Qui pourrait apprécier sûrement quels ont été le zèle et les vœux constants de ces deux médecins charitables, pour la prospérité de cette maison qui leur a été si chère. Dieu seul connaît les libéralités, dont quelques-unes furent très importantes, que Morlanne surtout fit en faveur de l'association de ces femmes dévouées, que, riches ou pauvres, nous avons la douce habitude de voir au chevet de nos mères de famille.

L'Institution a considérablement grandi : les améliorations reconnues nécessaires avec la marche du temps et du progrès, ont été réalisées. Un notable perfectionnement a été principalement apporté à l'œuvre essentielle qui est, comme par le passé, l'assistance des femmes pauvres au moment de leurs couches, et une extrême sollicitude envers leurs petits enfants. La Société de Charité maternelle de Metz a été reconnue comme établissement d'utilité publique, par décret du 23 avril 1853, qui l'a placée sous la présidence et la protection de Sa Majesté l'Impératrice. La maison compte un personnel de vingt Sœurs, outre la Supérieure générale de l'ordre. Des dames visitantes ont la surveillance de chacune des paroisses de la ville, témoignent leurs sympathies aux pauvres femmes en couches [1], s'informent assidûment de leurs besoins, du nombre de leurs enfants, de leurs ressources pour l'entretien du ménage, et, dans l'assemblée du conseil d'administration, elles demandent

---

[1] « Actuellement l'Œuvre secourt des mères divisées en trois sortes de catégories, savoir : 1° Les femmes peu aisées, c'est-à-dire celles dont les maris reçoivent pour leur travail quotidien un salaire qui suffit à peine aux besoins du ménage, et celles dont les maris sont accidentellement malades ou valétudinaires, et par là gagnant très peu ; — 2° les femmes qui ne sont nullement aisées ; — 3° les femmes valétudinaires elles-mêmes, et celles chargées d'un grand nombre d'enfants encore en bas âge. »

et obtiennent pour les pauvres femmes les secours en argent que les moyens de l'établissement permettent d'accorder pour leur venir en aide. Les visites pleines d'intérêt que font ces honorables Dames, ajoutent aux bienfaits matériels, de douces consolations dont les mères de famille sont sensiblement reconnaissantes.

Le vénérable Morlanne, malgré l'âge et les fatigues, ne voulut jamais abandonner le rôle actif qu'il avait eu à la Charité Maternelle, depuis l'époque de sa fondation. Il continua même à présenter le compte rendu annuel sur la situation matérielle et morale de l'Œuvre. Personne mieux que lui n'avait ce droit et n'éprouvait une plus vive satisfaction à s'en acquitter. On retrouve dans chacun des rapports qu'il a rédigés, des preuves de son ingénieuse charité [1]. Dans le dernier compte rendu qu'il prépara, et où achève de déborder son incessant amour du prochain, le bon vieillard appelait encore la réalisation de nouveaux bienfaits. Ce legs sera accueilli, non-seulement avec le sentiment d'une tendresse filiale, mais encore avec le respect dû à un souvenir émanant d'un des plus zélés bienfaiteurs de notre ville.

Rappeler que Morlanne est mort avec le titre de médecin [2] de la Charité Maternelle, c'est certainement ajouter un titre d'honneur aux nombreux services rendus par cet établissement sur lequel ont pris modèle toutes les maisons similaires établies en France.

---

[1] Une copie manuscrite des rapports des années 1858 et 1859 a été mise sous les yeux de l'Impératrice Eugénie qui daigna, le 14 août 1860, par une lettre signée de sa main, remercier Morlanne et le prévenir qu'Elle « avait constaté elle-même les généreux efforts faits par la Société de Charité maternelle de Metz, pour atteindre son but, et les résultats satisfaisants obtenus. »

[2]. Au mois de décembre 1861, Morlanne signait encore sur les registres de l'état civil, les déclarations des naissances qui avaient lieu à l'hospice de la Maternité.

Ce sont encore les élèves du vénéré docteur qui portent, jusqu'au dernier hameau du département, les secours de l'art aux jeunes mères et à leurs nouveaux-nés. Plusieurs localités doivent en partie au moins, à sa générosité inépuisable, la présence chez elles, de ces femmes robustes, prudentes et instruites qui allègent autant qu'il est possible toutes les misères.

Le 14 février 1811, vers huit heures du matin, le feu envahit l'abbatiale Saint-Vincent, qui servait à la fois de dépôt de mendicité, de maison d'accouchement, de renfermerie et de maison de santé pour les aliénés. Les conséquences furent des plus graves. La rapidité des flammes et les énormes barreaux, dont les fenêtres étaient garnies, mirent obstacle au sauvetage de quelques-uns des infortunés qui y étaient enfermés. La partie supérieure des bâtiments fut entièrement détruite : le feu consuma aussi le linge, le mobilier et les provisions de toute espèce, amassées en vue de l'hiver. Cet incendie obligea à diviser la population qui avait trouvé refuge dans les bâtiments de l'abbatiale et de la répartir dans différents établissements. Ainsi, on transporta les aliénés à Saint-Nicolas, les filles furent renfermées à la Madelaine, des indigents trouvèrent asile aux ateliers de charité de la maison des Récollets, et d'autres furent envoyés au dépôt de mendicité établi à Gorze [1].

Le défaut de ressources ne permit pas la reconstruction de l'abbatiale. On dut se contenter de faire une réparation fort modérée aux bâtiments qu'on loua comme dépôt de marchandises.

Morlanne avait éprouvé personnellement des dommages considérables dans cet incendie. Mais la perte d'argent ne

[1] On sait que le dépôt formé alors dans le château de cette localité, subsista seulement jusqu'en 1815.

peut décourager son zèle presque téméraire. Cette belle et pure existence est vouée à l'honnêteté, aux travaux sacrés qui ont pour but le soulagement de toutes les misères, la moralisation et l'instruction des hommes. Il voit des malheureux à secourir et pour ainsi dire délaissés. Il a longuement médité une œuvre glorieuse qu'en dépit de difficultés de tous genres, il essayera d'accomplir avec un esprit bienveillant et droit, également éloigné des passions et des préjugés. S'il ne réussit pas d'une manière complète dans sa louable entreprise, du moins il laissera pour tous un exemple et un témoignage de ce que peut l'amour du bien uni à l'intelligence et à la piété.

Morlanne a pris sans retard une résolution énergique. Le vaste local situé rue Mazelle, avec ses spacieuses dépendances, autrefois occupé par les religieuses de la Visitation Sainte-Marie, est à vendre. Il en fait immédiatement l'acquisition pour y rétablir les cours pratiques d'accouchement et le dépôt de vaccin; y opérer les pauvres malades de la ville et des campagnes, etc... Il donne son temps et ses soins à l'organisation du nouvel établissement. Il redouble même d'efforts lorsqu'il apprend que la suppression de la maison de charité des Récollets a contraint la ville à placer à la Madelaine un certain nombre d'indigents. Il prévoit une confusion déplorable qui n'est arrivée que trop promptement, entre les diverses catégories d'individus désormais renfermés dans les différents quartiers de cette maison de correction. Cet état sera maintenu jusqu'en 1838, année où l'on sépara entièrement les infirmeries, les dortoirs des indigents et la salle des filles-mères, des autres parties du bâtiment occupées par les détenus. Dès ce moment se trouva constitué l'établissement qui, depuis, a porté le nom de maison d'Asile, et qui servit de refuge aux indigents que leur situation, leurs antécédents ou le défaut de place avait empêché d'admettre à l'hospice Saint-Nicolas, aux filles-mères et aux individus des deux sexes atteints de maladies contagieuses. Morlanne devint médecin de cette maison d'Asile, avec un traitement annuel de trois cents francs, et il conserva cette qualité jusqu'au 1er avril 1857 [1], date de la suppression de cette maison, à laquelle donnèrent lieu les nécessités du service de la prison départementale de la Madelaine.

En 1814, Morlanne fut attaché aux hospices civils de Metz, comme chirurgien adjoint. Il remplaça souvent les titulaires. Les temps de crise et de fatalité, où les hospices, les églises même étaient encombrées de malades, surtout de militaires atteints du typhus, mirent largement à contribution son zèle toujours infatigable. Morlanne montra au sein de l'épidémie ce courage froid, impassible et désintéressé que donne la conscience d'un devoir périlleux, et qui n'attend sa récompense que de la satisfaction secrète de l'avoir rempli. Dans ces douloureuses circonstances il fut constamment médecin philanthrope et citoyen courageux.

Morlanne demeure, pendant de longues années, chirurgien des hospices civils de Metz. Un arrêté préfectoral du 4 mars 1847, l'avait autorisé à prendre le titre de chirurgien honoraire de ces hospices, attendu, selon le considérant qui précède cet arrêté, « que M. Morlanne a été attaché en 1814 aux hospices civils de Metz, en qualité de chirurgien adjoint; qu'il a souvent remplacé dans leur service médical MM. Maréchal et Chaumas, ainsi que le fait est attesté par M. Maréchal qui déclare que M. Morlanne l'a toujours secondé avec zèle et lui a offert son concours

---

[1] A la même époque cessa de courir le traitement actif de six cents francs par année qui lui avait été alloué par un arrêté préfectoral daté du 15 septembre 1850, pour l'accouchement des femmes indigentes à la charge du département, c'est à-dire des femmes qui étaient admises à faire leurs couches à la maison d'Asile.

Le crédit affecté au traitement de Morlanne avait été compris dans le crédit total destiné au payement des dépenses de l'accouchement et de l'entretien de ces femmes dans ladite maison.

-avec empressement ; qu'il a été porté plusieurs fois sur les listes des candidats présentés par la commission administrative des hospices civils de Metz pour la nomination de chirurgien en second de ces établissements, et que dès lors le titre honorifique réclamé n'est que la juste récompense des longs et honorables services de M. Morlanne, non-seulement en qualité de chirurgien adjoint des hospices, mais encore comme professeur du cours d'accouchement, etc. »

Morlanne offrait sa science et sa bonne volonté à l'administration municipale ou départementale, en tout temps et partout où ses services pouvaient être utiles. Il se plut jusqu'à donner ses soins et sa surveillance aux enfants de l'une de nos salles d'asile, et ne se retira qu'au mois de janvier 1857, lorsque les prescriptions du décret impérial du 21 mars 1855, relatif au service médical des salles d'asile, reçurent à Metz leur exécution. Ce mandat volontaire, il l'avait encore rempli avec un zèle à toute épreuve.

En 1825, quand se forma la première de nos sociétés de secours mutuels, sous le titre de *Société des amis de l'industrie*, Morlanne mit son dévouement à la disposition des fondateurs de cette association de prévoyance et de moralité. « Votre utile institution, écrivait-il à l'un des vice-présidents, » ne peut manquer de vous donner droit à la considération » de tout homme qui aime et recherche la vertu. Votre » esprit de fraternité, votre louable union méritent d'être » connus et répandus partout, et c'est avec un véritable » bonheur que je serai toujours prêt à vous assister, et à » partir d'aujourd'hui regardez-moi comme un membre de » votre honorable corporation... »

Lors de la création (1847) de la seconde association du même genre *(Société amicale de secours mutuels de la ville de Metz)*, il apporta un égal empressement à prévenir de son adhésion.

Beaucoup de sociétaires ont eu recours au talent du digne

médecin. Aussi sa mémoire est-elle en bénédiction encore de nos jours dans les deux sociétés, dont les conseils administratifs s'étaient fait un devoir, dans ces dernières années, de lui offrir la qualité d'associé libre honoraire.

Morlanne avait perdu sa vertueuse mère le 4 mai 1822 [1]. Ce coup le frappa sensiblement, mais n'altéra point la sage fermeté de son âme. Il la pleura avec la tendresse d'un fils et le calme du chrétien.

Cette séparation lui permit de s'abandonner à l'ardeur d'une générosité qui alla jusqu'au sacrifice le plus absolu. Rien ne peint mieux le caractère de Morlanne que le soin avec lequel il cherchait la source de ses défauts et le moyen de les combattre ; il notait le résultat de ses recherches, afin de mieux s'en souvenir et d'y conformer sa conduite. Il s'attachait encore à perfectionner en lui la bienveillance, ce sentiment généreux, élevé, qui, suivant Massillon, prend sa source dans l'humanité même : sentiment d'égalité, de justice, de protection, qui porte l'homme à traiter avec bonté et douceur, sans distinction de fortune ni de rang, tous ceux avec lesquels il est en relation.

Content de son sort, ne voyant rien au-delà de son humble position, Morlanne se bornait à user de l'influence du crédit de quelques amis puissants, pour le bien-être de tous. Il était convaincu de l'exactitude de ces belles paroles de Châteaubriand, toujours présentes à sa mémoire : « Le Christianisme est la pensée de l'avenir et de la liberté humaine ; cette pensée rédemptrice est le seul fondement de l'égalité sociale, qu'elle seule peut établir, parce qu'elle place auprès de cette égalité la nécessité du devoir. Le Christianisme agit avec lenteur, parce qu'il agit partout ; il ne s'attache pas à la réforme d'une société particulière, il travaille sur la société générale, sa philanthropie s'étend

[1] Madame veuve Morlanne était agée de 88 ans, étant née à Metz en 1734.

à tous les fils d'Adam. C'est ce qu'il exprime avec simplicité dans ses oraisons les plus communes, dans ses vœux quotidiens, lorsqu'il dit à la foule dans le temple : *Prions pour tout ce qui souffre sur la terre.* »

Reconnaissant en toute chose la puissance protectrice de la religion, Morlanne n'admettait pas sur l'oriflamme du Salut l'inscription de ces mots sonores, mais impuissants, que certaines gens ont inventés, célébrés et mis à l'essai, sous prétexte de conduire l'humanité dans des voies nouvelles et fortunées. Son sens, profondément libéral, lui faisait répéter qu'on ne doit y lire que les trois mots qui, depuis le Christ, ont resplendi sur le monde : Foi! Espérance! Charité! La Foi, qui nous élève jusqu'à la Divinité et qui brise les liens grossiers de notre servitude terrestre; l'Espérance, qui nous soutient dans les cruelles épreuves de la vie et qui nous ouvre, par la pensée, nos futures demeures; la Charité, qui nous attache aux êtres qui nous entourent, ouvre nos cœurs aux plus doux sentiments, rend faciles les plus grands efforts, et légers les plus lourds fardeaux.

Chez les médecins qui regardent leur profession comme un apostolat, la préoccupation de leurs malades les poursuit jusque devant le foyer domestique. La mort est un si terrible lutteur, et lui arracher sa proie est un problème si difficile à résoudre ! Aussi, quand les joues creusées par le mal refleurissent, quand celui que déjà l'on voyait couché dans le tombeau se redresse, quelle inexprimable joie pour l'homme qui a la conscience d'avoir rendu la vie à un autre homme ! Quel triomphe pour le savant qui pense avoir fait faire un pas de plus à la science ! Ces pures jouissances n'ont point manqué à Morlanne.

Lorsque la maladie devenait grave, lorsqu'il craignait de voir son art impuissant, il multipliait ses soins, guettant jusqu'au dernier moment une crise salutaire, et disputant à la mort un souffle de vie. Sa sollicitude était celle du père le plus tendre; sa prière était fervente, il disait comme Ambroise Paré : « Je vous soignerai, Dieu vous guérira... » Quand ses efforts étaient vaincus par le mal, quand tout était fini, il s'enfuyait, maudissant les remèdes dont il avait reconnu l'efficacité en certains cas, et qui, dans des circonstances absolument identiques , devenaient illusoires. Cet homme si prudent et si expérimenté se mettait l'esprit à la torture, et se demandait avec inquiétude s'il avait véritablement employé toutes les ressources de son art, et, bien que sa conscience fût en repos à cet égard, il se sentait encore le cœur déchiré...

Il suffisait qu'on fût malade ou pauvre pour être assuré du concours empressé de Morlanne. Il aimait tant à obliger qu'un jour il disait à quelqu'un qui lui recommandait une affaire : « Ne me remerciez pas, si je réussis; mais si » j'échoue, plaignez-moi. » Ce mot peint toute sa bonté.

En montant jusqu'aux mansardes des maisons habitées par des ouvriers alités ou des indigents, en apercevant toutes les misères, en étudiant les nécessités cruelles qui conduisent parfois les pauvres à des actions blâmables, en mesurant enfin leurs longues luttes, il était saisi de compassion et devenait volontairement le saint Vincent de Paul de ces êtres souffrants. Aux uns, il faisait entrevoir la guérison; à ceux qui les entouraient, il donnait des encouragements et des éloges sur leur persévérance et leurs bons soins. Rarement il s'éloignait sans laisser la somme nécessaire pour l'achat des médicaments ou du pain de la journée. Ses libéralités s'étendaient à tous, sans acception de culte. Son principe était : « Donnons, donnons continuellement; mais donnons « pour Dieu. »

Partout où Morlanne se montrait, les infortunés se pressaient sur son passage et recevaient de lui un soulagement, au moins temporaire, et une parole consolatrice. Lorsqu'il entrait dans le réduit d'une famille dont le chef était gisant sur un misérable grabat, et dont les malheureux

enfants manquaient de pain, les plaintes cessaient ; à la vue
ou au nom seul du *père Morlanne*, les enfants environnaient
avec respect le généreux visiteur, lui souriaient avec bonheur et pressaient avec amour sur leurs lèvres ses mains
libérales. La mère oubliait toutes ses douleurs, le bénissait,
le déclarait l'envoyé de la divine Providence ; ses larmes
disaient mieux encore que ses paroles la reconnaissance
qu'elle éprouvait.

En présence de telles émotions, Morlanne se laissait aller
de plus en plus aux sentiments de charité qui le pressaient.
Il confessait sans emphase qu'il était dominé ; il donnait
alors et donnait toujours... « Dieu, qui ne se laisse jamais
» vaincre en générosité, — répondait-il à ses amis qui lui
» adressaient de tendres reproches sur ce qu'ils appelaient
» sa prodigalité, — Dieu dédommage celui qui soulage le
» pauvre dans sa misère, des sacrifices qu'il s'impose. »
Pour ceux qui l'exhortaient à apporter plus de discerne-
ment dans ses aumônes, et qui l'entretenaient de l'ingratitude
des obligés, il ajoutait : « Chacune de mes bonnes œuvres
» porte avec elle sa récompense par la satisfaction qu'elle
» me procure. »

Pourquoi ne comprendrions-nous pas que la bienfaisance
a son entraînement comme les vices ont le leur ? La charité
dévore la bourse d'un saint comme la roulette mange les
biens du joueur, graduellement.

Notre vertueux concitoyen n'avait pas la science des
Dupuytren, des Dubois et d'autres illustrations médicales.
Mon Dieu, non ; mais Morlanne s'était voué au soulagement
des malheureux. On le trouvait toujours prêt à porter, chez
le pauvre comme chez le riche, les secours que sa longue
pratique et son expérience intelligente l'avaient mis à même
de donner avec fruit. Recherché dans les maisons opulentes,
il y puisait discrètement des ressources qu'il répandait à
profusion autour du grabat des pauvres. Nous citerons
un seul exemple entre toutes les nombreuses belles actions
que sa longue carrière a comptées :

Le 10 janvier 1832, à onze heures du matin, un manœuvre traînant une charrette à bras, était arrivé à la montée rapide de la rue d'Estrées. Une voiture attelée de deux chevaux descendait avec rapidité la rampe : le pauvre artisan ne put se garer à temps et fut précipité sous le carrosse. Les passants s'empressèrent de le relever et de le transporter dans la plus prochaine pharmacie... Morlanne traversait alors la place de Chambre. Il venait de recevoir deux cents francs pour honoraires, d'une dame qu'il avait soignée. Il est reconnu par un ouvrier qui le prie de voir la victime de l'accident. Morlanne y court, visite le pauvre manœuvre et constate qu'il a la jambe gauche brisée en deux endroits. Le premier pansement établi, on veut le transporter à l'hôpital ; il résiste à cette pensée venue tout naturellement aux personnes qui l'entourent, et supplie qu'on le conduise chez lui, auprès de sa vieille mère. Deux commissionnaires l'y portent. Il suit le triste convoi, remet promptement la jambe au patient et déclare qu'il aura à garder le lit au moins pendant deux mois. « Deux mois ! s'écrie l'ouvrier, et ma » mère, mes enfants, qui les nourrira ? » Ce manœuvre était le seul soutien de sa mère presque impotente, et était resté veuf avec cinq enfants... Morlanne laissa ce jour-là, à la famille désolée, les deux cents francs qu'il avait touchés dans la matinée, ce qui lui permit de vivre pendant les deux mois que son chef fut obligé de garder le lit. Un pareil trait de bienfaisance n'a pas besoin de commentaires !....

Morlanne avait une grande affection pour les enfants. Tout enfant malade devenait le sien. Que de fois ne l'a-t-on pas vu accourir, même la nuit, au premier signal de mères alarmées, et, après avoir calmé leurs craintes mal fondées, ne répondre aux excuses qu'elles balbutiaient pour un dérangement inopportun, que par un sourire de bonté ! Aussi, dans les maisons aisées, où il avait été appelé comme médecin, ne manquait-il pas d'être retenu pour ami.

Morlanne eut toujours à cœur de chercher à convaincre que de toutes les connaissances médicales il n'en est pas qu'il importe plus de répandre que celles qui sont relatives à la santé des petits enfants. En effet, les soins que réclame cet âge sont extrêmes : ils exigent non-seulement l'intelligence la plus complète, mais il faut encore qu'ils soient éclairés par l'amour maternel. De bonne heure il se fit donc un devoir de donner aux mères de précieux conseils sur ce sujet qui les intéresse particulièrement.

Tout d'abord il s'éleva avec force contre la substitution du goût des plaisirs précoces et de la mode, aux devoirs de la jeune mère. « L'enfant vient au monde, — fait judicieusement remarquer l'honorable médecin, — on ne saurait l'allaiter : les exigences sociales et la santé de la mère s'y opposent ; on le livre à des mains mercenaires, et Dieu sait ce qu'il en résulte fréquemment. On récolte ce qu'on a semé... Que la femme cesse donc d'abjurer une mission si belle que la nature lui a confiée, qu'elle rejette bien loin les hochets qui l'étourdissent ; qu'elle devienne la plus intéressante créature de Dieu et le monde sera régénéré ! Qu'elle remplisse les devoirs sérieux et pénibles, sans doute, qui assurent les fondements solides de probité, de justice et de loyauté, inspirés par la tendresse maternelle, qui accompagneront les fils des véritables mères jusqu'à la fin de leur carrière ! »

La première parole de Morlanne, abordant directement le côté pratique, est celle-ci : « Ne faites pas aux enfants ce que vous ne voudriez pas qu'on vous fît. Que diriez-vous si l'on vous emprisonnait tout le long étendu dans une couverture, et si, bien roulé et serré, on vous condamnait à grandir dans cette position ? Ils crient, les pauvres petits êtres que l'on martyrise de cette façon par l'emploi du maillot constringent. »

Déjà, avant de réclamer la suppression de cette coutume, encore aujourd'hui si répandue parmi nous, il avait publié de précieuses modifications et obtenu à Metz une application mieux entendue du maillot. Mais, dans les campagnes, où les conseils de l'hygiène ne sont pas facilement admis, il avait constaté tout récemment encore que les enfants commencent la vie d'une rude manière. « On accepte, ajoute-t-il, leurs cris de douleur comme un effet de l'âge, et l'habitude est de les secouer vivement et de chanter plus fort qu'ils ne crient. L'enfant, ahuri, se calme quelquefois, ou bien le sommeil vient pour un instant adoucir ses souffrances, mais il ne se réveille que pour crier de plus belle. »

La chose principale que cherche l'enfant, quand il vient au monde, c'est l'espace. Il est donc nécessaire de favoriser le plus possible son libre épanouissement. A cette occasion, Morlanne recommandait les préceptes ci-après :

« 1. Envelopper l'enfant de linges moëlleux, sans apprêt ni coutures qui puissent froisser la chair ; le mettre ensuite chaudement dans son maillot qui doit être assez grand pour être replié et qu'on maintiendra lâchement avec des rubans.

« 2. Veiller attentivement à ce que le nouveau-né soit proprement dans son maillot. Se servir toujours d'une éponge douce et d'eau tiède. Pendant les soins de propreté, laisser à l'enfant quelque temps de repos et une entière liberté.

« 3. Après trois mois, supprimer le maillot pendant le jour. Une brassière et une jupe, d'un tissu plutôt doux que trop chaud, suffisent alors pour vêtir l'enfant sur les épaules duquel, par surcroît de précaution, on peut jeter un petit manteau. Mettre aux pieds des chaussons toujours souples et montants.

« 4. Faire consister la coiffure en un bonnet de toile fine recouvert d'un autre de mousseline, sans mentonnière.

« 5. Placer toujours le berceau de l'enfant perpendiculairement au jour. »

Lorsque le *Journal des Mères et des Enfants* donna la description de la méthode ayant pour indication : *les berceaux de son pour les enfants du premier âge*, Morlanne, après avoir étudié ce procédé, « n'hésita point à le recommander et à déclarer qu'il méritait l'approbation des médecins et de tous les amis sincères de l'humanité » (février 1854.) Ce moyen, comme on sait, est simple, facile, peu dispendieux. Il s'agit tout bonnement de remplacer les langes par du son. Le vénérable praticien s'empressa de faire connaître à tout le monde le nouveau mode, déjà éprouvé à Paris, de soigner les petits enfants. Il joignit son témoignage sur cette méthode si simple de diminuer les chagrins et les souffrances du premier âge.

« Ainsi plus de langes, plus de liens, plus de cordons, écrit avec une douce expansion l'excellent vieillard. Après la naissance et les soins nécessaires à la propreté, on place les petits enfants tout simplement dans leurs berceaux, dont la moitié est remplie de son auparavant échauffé au moyen d'un cruchon d'eau chaude ou d'une brique chauffée au foyer. On leur met un petit oreiller sous la tête ; ils ont une brassière qui leur enveloppe la poitrine ; le tout est recouvert par une peau de mouton dont la toison est en dessous [1]. On ajoute par dessus un autre objet de literie, suivant la saison. Ainsi donc ils jouissent d'une liberté entière de mouvement. Ils sont sans cesse environnés d'une douce chaleur et exempts de toute saleté ; car, quant aux déjections alvines qui autrefois remplissaient les langes et excoriaient la peau de ces enfants, elles forment avec le son de petites masses globuleuses qui sont immédiatement enlevées très-facilement.

---

[1] Pour empêcher l'enfant de glisser dans le son, la peau de mouton (*a*) destinée à le couvrir doit être garnie de deux anneaux qui s'attachent à de petits crochets placés de chaque côté de l'oreiller, dans l'intérieur de la boîte. Cette peau soutient l'enfant sous les bras, et les autres couvertures recouvrent ses petites mains.

(*a*) Personne n'ignore que la laine est un mauvais conducteur du calorique. L'emploi d'une peau de mouton pour couvrir l'enfant entretient donc autour de lui une température constante.

Pendant les huit premiers jours après la naissance, on peut nettoyer la boîte, c'est-à-dire ôter le son mouillé et agglomeré, sans qu'il soit nécessaire de lever l'enfant. Plus tard, il faut le nettoyer chaque jour, en ayant soin de remplacer le son qui se trouve gâté. Enfin, une fois par semaine au moins, on vide complètement la boîte pour l'exposer au grand air ou au feu, selon la saison, afin de la faire sécher complètement, l'humidité passant au travers du son et s'arrêtant au fond de la boîte. Il convient de choisir pour cette opération une belle journée, on peut en profiter pour promener l'enfant au soleil.... »

Morlanne rend ensuite hommage à deux jeunes mères de Metz qui avaient pris l'initiative à ce sujet. Enfin, il termine par le vœu suivant : « Puissent donc ces honorables dames trouver bientôt dans notre cité des mères de famille qui veuillent bien être des imitatrices de cette bonne œuvre et la conduire à bien par elles-mêmes ; car enfin prêcher d'exemple, c'est persuader.

« Oui, cette régénération future, dans des principes aussi bien fondés, appartient aux mères et aux mères seules. C'est à elles que la Providence a confié le soin de leurs enfants ; c'est à elles qu'ils appartiennent ; elles feront tout pour les affranchir d'un joug qui pèse depuis longtemps sur eux. Leur ingénieuse tendresse et leur amour suppléeront sans doute à ce que ce nouveau genre d'éducation première a d'insuffisant ou d'imparfait. Mais aussi combien leur bonheur à elles sera-t-il suave et vrai ! Combien il ajoutera à leur satisfaction en voyant leurs enfants jouir d'une santé que rien n'altérera plus désormais, et cette santé sera le prix de leur généreuse sollicitude, comme aussi d'une raison éclairée. »

L'Académie impériale de Metz accueillit la notice manuscrite [1] qui lui était offerte sur ce nouveau mode d'éducation

---

[1] Voir Mémoire de cette Académie, XXXVe année, 1853—1854.

physique des enfants au premier âge, par Morlanne. Déjà cette société savante avait saisi avec empressement différentes occasions d'honorer elle-même la longue et bienfaisante carrière du vénérable médecin, — carrière, comme elle prit soin de le rappeler dans sa séance publique du mois de mai 1854, par l'organe de son secrétaire, M. le docteur Grellois, — qui est toute empreinte de l'inépuisable dévouement de Morlanne envers ses semblables.

La maison de santé de Morlanne établie à Metz [1] en 1811, se soutenait encore après vingt années d'existence. Le zèle, la sollicitude et les sacrifices du fondateur avaient grandi avec les difficultés de l'entreprise, et on a peine à comprendre comment il a pu faire autant, aussi bien et aussi longtemps avec ses seules ressources.

Plusieurs personnes des plus considérables de la ville ayant constaté, par elles-mêmes, que l'établissement dirigé par Morlanne présentait un grand avantage, l'engagèrent à demander avec de nouvelles et plus vives instances au département, de seconder ses vues philanthropiques. Morlanne se rendit à ce désir qui répondait aux élans intimes de son cœur, et adressa le 21 juillet 1833, au préfet et au conseil général de la Moselle, un mémoire dont nous croyons devoir reproduire la plus grande partie, à cause des renseignements utiles qu'il renferme :

« L'établissement comprend cinq parties distinctes, d'une

---

[1] Morlanne avait eu la pensée, dans un but à la fois artistique et charitable, de convertir l'ancienne église de la Visitation (rue Mazelle, 56) en une chapelle de sépultures destinée aux familles riches. Sous la Restauration, on y célébra chaque dimanche, pendant plusieurs années, une messe en musique militaire. Il avait rassemblé pour la décoration de cette chapelle, dite de Saint-Charles, quantité d'objets variés et précieux, notamment quelques-uns des magnifiques vitraux qui avaient orné l'église gothique des Grands-Carmes ; mais il dut renoncer à son projet généreux... La plupart de ces objets d'art ont été acquis et enlevés de Metz par des amateurs anglais. L'or qui les a payés a été scrupuleusement employé au soulagement des malheureux.

utilité générale pour la société et particulière pour quelques individus. Toutes se rattachent essentiellement à la classe industrielle et à celle des indigents dans l'état de maladie ou d'infirmité...

« 1° *Maison de santé.* — Le bâtiment, — fait observer Morlanne, — que j'ai acquis en 1811 pour en faire une maison de santé, devait primitivement recevoir des pension- naires aisés des deux sexes, tels que gens infirmes, vieillards, incurables et autres, qui, quoique à charge au sein de leurs familles, sont encore pour elles des sujets d'affection et d'attachement ; à côté de ces sortes de personnes et avec l'avantage de leurs pensions, on a admis gratuitement des malades de la campagne dont l'état exigeait une opération chirurgicale : plusieurs opérations y ont été faites avec succès.

« 2° *Calculeux admis et opérés.* — Vingt-cinq calculeux du département de la Moselle y ont été admis gratuitement et aussi opérés avec succès. Je ne parlerai point ici d'opé- rations de moindre importance qui y ont été pratiquées successivement sur des gens de la campagne, telles que fractures et luxations réduites, opérations du cancer au sein et à la bouche, ouverture d'abcès et saignées.

« 3° *Consultations gratuites.* — Tous les jours, depuis une heure jusqu'à deux heures et demie, on consulte sur l'état des malades qui sont présentés à la salle ; on leur indique le traitement convenable, on leur donne même quelques remèdes simples : en 1832, cinq cent quarante- deux personnes se sont présentées à la salle des consulta- tions. On y vient aussi consulter pour des malades de la campagne.

« 4° *Cours pratique d'accouchement.* — M. le préfet et M. le maire de Metz envoient dans cette maison les filles mères indigentes pour y faire leurs couches : elles et leurs enfants y reçoivent, aux frais de l'administration, tous les secours que leur état exige. C'est là aussi qu'ont été instruites les sages-femmes de la ville et du département, et chaque année il y a de nouvelles admissions selon le besoin des communes ; là encore rien n'est négligé pour donner à ces élèves les connaissances et les talents nécessaires pour assister les mères de famille dans une circonstance si importante et si critique : celles des filles qui font leurs couches à domicile sont de plus assistées par les employées de l'école pratique d'accouchement.

« 5° *La Vaccine.* — Dans le cours de 1832 on a vacciné dans l'établissement quatre cent dix-huit sujets, tant de la ville que des campagnes : il a été fourni, du dépôt que j'ai établi, du vaccin aux sous-préfectures et aux communes rurales du département de la Moselle, et c'est, je ne dois pas craindre de le dire, c'est au milieu des plus grandes difficultés et des contrariétés de toutes sortes que je maintiens le vaccin dans un état de prospérité tel, qu'il est facilement communiqué et ultérieurement répandu. Cette année même et dans le courant du mois d'avril qui vient de s'écouler, on a vacciné, dans cette maison, plus de cent militaires de la garnison.

« Plusieurs personnes de cette ville se proposent de venir au secours d'une telle entreprise que les ressources de l'établissement soutiennent difficilement ; il serait donc très-important que le gouvernement voulût bien lui donner la sanction et la stabilité que des œuvres si utiles semblent mériter : des souscriptions ont été offertes, quelques légers secours ont été votés, mais l'approbation de l'autorité légale est le seul moyen de donner des bases solides à une institution que vous approuvez sans doute, Messieurs, par un sentiment de conviction et par votre suffrage.

« Des villes du département possèdent des écoles pratiques d'accouchement dont l'utilité est généralement reconnue ; les femmes de villages ne peuvent se déplacer pour aller dans la capitale apprendre l'art des accouchements, y séjourner une année et à grands frais :

ici, à Metz, les élèves sages-femmes restent à l'école pendant un semestre entier, pour 350 francs. Elles y sont logées, nourries et blanchies ; on leur fournit les livres nécessaires, les lancettes pour pratiquer la saignée et la vaccine à leur retour dans leur commune.

« Depuis l'incendie du dépôt de mendicité en 1811, les filles mères indigentes étaient reçues à la maison de correction pour le temps de leurs couches ; elles étaient confondues avec des condamnées, etc..., dans un local peu aéré et malsain ; il y a plus, la plupart y abandonnaient leurs enfants qui, placés ensuite à l'hôpital général, devenaient à la charge du département. Dans le premier cas, la commmission de surveillance des prisons a pressé le changement de cet ordre de choses et l'administration a traité avec moi pour recevoir à un franc par journée les filles enceintes et accouchées, qui, elles et leurs enfants, sont soignées dans mon établissement jusqu'à parfaite guérison ; tout concourt là au rétablissement de leur santé : air pur et libre, alimens sains, propreté dans les salles et dans le linge. Mais ce que vous apprécierez surtout, Messieurs, et ce qui constitue le second cas que j'ai à vous faire observer, c'est le soin que j'ai mis à ce que les mères conservent leurs enfants, à ce qu'elles les allaitent, dès le jour même de leur naissance, à ce qu'elles s'y intéressent au point de s'y attacher et de ne les point abandonner, ainsi qu'il était d'usage dans la maison de correction, et sous le plus léger prétexte.

« Un tel établissement intéresse, vous le voyez, Messieurs, les communes du département, puisque, d'un côté, il sert d'asile aux filles mères qui manqueraient infailliblement de secours ailleurs ; puisque, de l'autre, il est si utile pour l'instruction des élèves sages-femmes qui y sont envoyées de tous les points du département. Remarquez aussi, s'il vous plaît, Messieurs, que les élèves y sont instruites dans la vaccination, moyen si utile pour préserver de la petite-vérole, pour l'éteindre s'il était généralement employé ; la pratique de la saignée confiée aux sages-femmes est encore une ressource bien avantageuse pour les gens de la campagne, lorsqu'ils sont frappés par des accidents subits et imprévus, tels que les chutes, les percussions et les maladies inflammatoires.

« Déjà, dans plusieurs circonstances, j'ai appelé l'attention de Messieurs les membres du conseil général sur mon établissement : j'espère que cette fois mon mémoire méritera de leur part un plus vif intérêt par l'exposé que je viens de placer sous leurs yeux. J'avais proposé précédemment de faire l'acquisition des bâtiments où est établie l'école d'accouchement pour la fonder définitivement : on ne peut douter que si cette résolution était approuvée par le gouvernement, des amis de l'humanité aideraient à cette entreprise. (Les bâtiments et dépendances de cette maison sont évalués à 40,000 francs).

« Messieurs, vous avez voté, pour 1833, une somme de 500 francs qui a été employée en ameublement et réparations dans cette maison, d'autres ouvrages assez considérables sont sur le point d'être entrepris pour la salubrité et pour procurer aux sages-femmes tous les moyens possibles d'instruction ; votre philanthropie, vos lumières et vos connaissances en administration, votre goût pour l'encouragement des bonnes entreprises, vous détermineront sans doute à seconder, par tous les moyens mis à votre disposition, une œuvre si utile aux indigents des campagnes, si utile pour l'instruction d'un art qui intéresse toutes les mères de famille.

« Placés dans un poste éminent dans la Société, vous verrez, je l'espère, avec un vif intérêt, un projet qui tend à adoucir les maux des classes pauvres, à répandre l'instruction sur les moyens de les secourir ; et si vous daignez le seconder de votre médiation et de vos vœux près de M. le ministre de l'intérieur, il acquérera toute la perfection

dout ces sortes d'établissements sont susceptibles, il méritera, Messieurs, votre approbation et celle de tous les gens
de bien ! »

La sollicitude du conseil départemental était dorénavant
éveillée sur un établissement si utile au pays ; mais elle
ne se traduisit que par des regrets touchant l'impossibilité
où l'on se trouvait de faire même l'acquisition du local.
Le généreux philanthrope resta condamné à soutenir seul
son œuvre admirable. Inutilement il éleva encore la voix,
toujours pressé qu'il était par son zèle inépuisable pour le
soulagement de l'humanité. Au mois de septembre 1835,
en adressant à l'autorité du département le compte rendu
des opérations de son hospice pendant l'année précédente,
il fait une dernière tentative et termine sa lettre d'envoi par
une douce plainte, dernier épanchement d'une âme honnête
et courageuse.

« Vous savez, dit-il, que les hôpitaux civils sont établis
» essentiellement pour les malades de la ville ; les étrangers
» n'y sont admis qu'en payant. Il existait autrefois un
» établissement pour les hommes, appelé hôpital Saint-
» Georges : il est tombé avec tant d'autres, en 1793, et
» le local a été réuni alors au Lycée. Il serait utile d'abord
» pour les pauvres du département qu'une maison hospita-
» lière pût sortir de ses ruines ; il serait ensuite infiniment
» honorable pour l'administration de s'en occuper. J'ai été
» assez heureux pour poser quelques fondements de cet
» édifice, il serait à désirer que le gouvernement y donnât
» sa sanction.

» C'est en vain que, depuis plusieurs années, j'ai fait
» diverses demandes, elles n'ont point été accueillies. C'est
» à vous, Messieurs, qu'il est peut-être réservé de former
» un tel établissement. Quarante années de travaux, de
» veilles et de soins, seront-elles dignes de vos méditations
» et de votre intérêt ? Je le désire vivement, et je l'espère
» de la part de vous, Messieurs, au milieu des délibéra-

» tions variées qui sont en ce moment l'objet de votre
» attention et de vos lumières.... »

Cette sincérité de la foi de l'excellent homme et la franchise de son opinion furent récompensées toutefois par quelques modestes secours.

M. Sers, préfet, avait fait transférer dans la maison de santé de Morlanne toutes les filles enceintes qu'on accouchait jusqu'alors à la Madelaine : les élèves sages-femmes admises à suivre, aux frais du département, les cours de l'école d'accouchement, furent à même désormais de puiser de cette manière une instruction plus complète. Le zélé professeur s'attacha de plus en plus à leur faire sentir l'importance pour elles de ne rien négliger pour perfectionner leur instruction pratique.

Il s'efforçait aussi de moraliser la population difficile et grossière qui lui était envoyée. Les jours où Morlanne en avait le loisir, il faisait lui-même une lecture choisie aux pauvres mères convalescentes dont il était momentanément l'hôte bienfaisant. Il lui arrivait fréquemment de réunir, dans une salle convenablement chauffée, un certain nombre de vieillards et d'infirmes, et après avoir distribué à chacun d'eux une portion de soupe et de légumes, il s'appliquait à leur faire comprendre les raisons pour lesquelles Dieu n'a pas voulu que les hommes eussent également en partage les richesses de la terre. Dieu, en effet, a décidé qu'il y aurait parmi nous des pauvres et des riches, et c'est une disposition providentielle à laquelle on ne pourra jamais se soustraire. Vues admirables du Créateur qui veut évidemment que les riches fassent part aux pauvres des biens que leur accorde sa munificence, et il ne pouvait adopter un plan plus digne de sa profonde sagesse. Car il a ainsi formé une étroite union entre les membres de la société en les plaçant dans une mutuelle dépendance. Les uns ont la bienfaisance à exercer, et les autres doivent se montrer reconnaissants.

C'est sur ce plan divin que reposent l'ordre et l'économie du monde moral. Les riches ont été établis pour répandre sur les indigents les trésors du Père commun de tous les hommes, comme les génies supérieurs ont été destinés à éclairer les esprits vulgaires, et les hommes forts et courageux à être le refuge et l'appui des faibles et des opprimés.

Morlanne vit avec une douleur poignante le moment arrivé où il lui fallut renoncer à soutenir plus longtemps l'établissement hospitalier qu'il avait fondé. Toutes ses ressources étaient absorbées. Un secours de 1,000 francs, accordé par le ministre de l'intérieur [1], ne pouvait prolonger l'existence de l'œuvre.

Cependant le courageux vieillard, dans sa foi simple et ferme, sauve ce qu'il est possible... Après avoir vendu son immeuble pour satisfaire, avec le prix de cette aliénation dure à son cœur, aux obligations que son évangélique charité lui a fait contracter, il va, à une faible distance de son ancienne propriété, prendre à loyer un bâtiment assez spacieux qu'il transforme promptement en asile de l'assistance publique. En cette circonstance il donna une nouvelle preuve de son inépuisable amour du prochain dont la population malheureuse de notre ville, depuis de si nombreuses années, ressentait les effets. On peut dire, en toute vérité, que, jusqu'à son dernier jour, les secours de toute nature ont été distribués, dans la modeste maison de santé établie rue Mazelle, 71, entre les malades pauvres qui se sont présentés, par ses soins ou d'après ses recommandations intelligentes [2].

---

[1] Décision du 26 mars 1842.

[2] L'infatigable vieillard dépensait la majeure partie des secours (nous aimerions mieux pouvoir employer le terme *pensions*), que lui faisaient le département et la ville de Metz, à assurer assistance à des filles enceintes et à des infirmes des deux sexes, sans distinction de religion.

Morlanne était estimé et aimé de tous et dans tous les partis. Il était d'un commerce agréable et sûr, doux, zélé pour son art : sa conversation, sa démarche, son maintien, toutes les actions extérieures de sa vie étaient une observance scrupuleuse des préceptes qu'Hippocrate a renfermés dans ce peu de mots : *Dignitas suaviloquentia, erubescentia, modestia in habitu, frugalitas in victu ; ad seditiosas contentiones taciturnitas, superfluœ curiositatis et mercimoniorum et superstitionis fuga.*

Il avait conservé des rapports fréquents avec des personnages du premier mérite dans la médecine, qui le qualifiaient de *digne et vénéré confrère*. Il est vrai qu'il profitait de toutes les occasions pour rappeler la mémoire des célébrités qu'il avait connues, à leurs fils, à leur famille. Il savait exprimer en des termes nobles et touchants son religieux respect et sa gratitude envers ses anciens maîtres.

« Croyez-le bien, — lui écrivait, le 21 novembre 1857, M. le docteur Fodéré, fils du célèbre médecin, — personne ne trouvera puéril l'hommage que vous rendez à des hommes éminents, et ce que vous avez eu la pensée de faire [1] vous honorera toujours aux yeux de ceux qui placent les douces jouissances de l'étude au-dessus des frivolités de ce monde. Pourquoi, Monsieur et vénérable confrère, ne m'est-il pas permis de me rendre auprès de vous dans votre campagne

---

[1] Dans une dépendance de la propriété située à Ars-sur-Moselle, qu'il tenait de sa mère, Morlanne avait réuni des débris provenant de la démolition des anciennes églises et aussi de quelques monuments publics, disparus aujourd'hui, de la ville de Metz; il avait pris soin de mettre partout des indications. Sur des colonnes plantées dans le sol, on lit les noms de la plupart des illustrations de la province et ceux des hauts fonctionnaires civils et militaires qui ont successivement commandé à Metz ou administré le pays.

Ailleurs sont gravés dans de vieilles pierres des textes latins qui sont autant d'hommages à Dieu, ou des préceptes propres à inspirer l'amour du prochain, le respect envers les autorités, l'obéissance aux lois, etc...

d'Ars, et de m'entretenir des vertus et des talents de mon père avec un homme qui a su si bien l'apprécier. Je puis vous dire que dans les précieuses conversations que j'ai eu le bonheur d'avoir avec mon père, votre nom a souvent été répété avec toute l'estime et la haute considération que vaut votre dévouement... »

Morlanne se plaisait à visiter fréquemment sa petite campagne d'Ars. La maison était toute remplie de souvenirs de son père, de son excellente mère. Il parcourait pendant quelques heures, plus ou moins, suivant la beauté de la saison, l'espace de l'allée du jardin. Il vivait alors un moment en Dieu seul : il échappait à la terre. Il se séparait volontairement de tout ce qui le touchait ici-bas pour aller chercher dans une communication anticipée avec le Créateur, au sein même de la création, ce rafraîchissement céleste dont l'âme a besoin pour reprendre les forces de souffrir et d'aimer toujours davantage.

Servir la vérité, chercher la justice, la pratiquer, quoiqu'il arrive, aimer les hommes en Dieu et non pas pour soi-même, espérer au-delà du tombeau, voilà quelles étaient les doctrines de Morlanne. Il comprenait bien qu'il faut à notre siècle des vertus chrétiennes. Ce monde dans tous les temps en a eu besoin, car elles sont le sel qui empêche l'humanité de se corrompre. Comme un judicieux écrivain l'a si bien écrit : « C'est le dévouement ignoré qui fait la gloire des conquérants, c'est la vertu humble et persévérante des obscurs chrétiens qui fait la force morale, la vraie grandeur et la vie même des sociétés. » Ces hommes-là, le monde les méconnaît et les dédaigne; à quoi servent-ils ? Ils n'ont ni la puissance, ni la fortune, ils n'entendent rien ni aux affaires, ni aux plaisirs ; les habiles s'en rient, et cependant, parmi les heureux du jour, il n'en est pas un seul qui, en une heure d'amertume, ne se dise que le bruit et l'admiration de la foule ne valent pas la paix qu'il a perdue et que ces chrétiens ont gardée !

Lorsqu'il passait quelques jours dans la maison maternelle d'Ars, Morlanne, dont la mémoire retenait avec une facilité vraiment merveilleuse le texte des Saintes Écritures, se complaisait dans des méditations pieuses, y donnait une grande partie de chaque journée, et consacrait l'autre partie à visiter les infirmes et des malades, ou bien à jeter sur le papier le développement de quelques pensées utiles aux classes ouvrières ou agricoles qu'il avait toujours tant aimées. Il s'inquiétait surtout de l'accroissement de l'émigration des campagnes vers les villes. Aussi l'un des premiers il avait applaudi aux distributions, par les comices agricoles et les sociétés d'horticulture, de récompenses accordées aux vieux et honnêtes domestiques.

Dans un mémoire manuscrit, portant la date du 22 juillet 1850, il traite, avec de fort bons arguments, du remède qui lui paraît le plus efficace à opposer à la fâcheuse tendance du fait, aujourd'hui malheureusement constant presque par toute la France, qui entraîne les ouvriers ruraux vers les grands centres. Il est d'avis que l'agriculture seule peut ralentir ce mouvement et combattre les périls créés, ici par la surabondance, là par le dépérissement. Morlanne s'étend à expliquer aux cultivateurs qu'ils ont une mission toute paternelle à remplir envers leurs aides, mission ingrate, sans doute, mais digne de tous leurs efforts. « Il est possible, écrit-il, en adoptant avec ces auxiliaires indispensables un système bien combiné de primes et de récompenses, de les amener à se considérer comme des membres de la famille, et de se les attacher sérieusement, surtout si les cultivateurs s'appliquent à les rendre prévoyants et économes, en leur faisant connaître le chemin de la caisse d'épargne et de la caisse des retraites pour la vieillesse. Là est peut-être le moyen de retenir dans nos campagnes les jeunes générations trop portées à les déserter pour les villes; c'est du moins un des moyens d'y contribuer, et, pour les cultivateurs, de s'assurer des hommes utiles et dévoués... » Nous nous félicitons d'avoir à rappeler ici une mesure que nous croyons destinée à faire, dans les mœurs et le bien-être de la population agricole, une révolution pacifique des plus salutaires.

Morlanne a laissé également quelques pages sur la nécessité du reboisement de certaines côtes des environs de Metz, sur la composition de leur sol et sur les essences d'arbres préférables pour les plantations qu'il conviendrait d'y faire.

La piété du vénérable vieillard ne s'assombrit jamais. Sa religion était tout entière dans son âme. Il croyait humblement, il espérait fermement. Sa foi était un acte de vertu et comme un raisonnement. Il la regardait comme un don de Dieu reçu des mains de sa mère! Son âme toujours douce et ardente, naïve et passionnée, persévérante et enthousiaste, réunissait en lui les vertus des différents âges de la vie : la simplicité et la bonne foi de l'enfance; la générosité et le dévouement de la jeunesse; la fermeté, l'ardeur laborieuse, la mâle urbanité de l'âge mûr. Il n'avait rien perdu, sous le poids des années, de ce qu'il avait acquis par la force de sa volonté; au contraire il y avait ajouté la dignité aimable, la bienveillance qui encourage et la sérénité religieuse, offrant ainsi à tous ceux qui l'approchaient et le connaissaient, un des modèles les plus honorables et les plus parfaits du dévouement [1].

L'excessive humilité chrétienne de Morlanne, sa piété avaient pris d'extraordinaires développements. Il eut alors d'une manière très apparente les défauts de ses vertus... Poussé par une exaltation pieuse, il condamnait les tentures

---

[1] Quand on pénétrait dans la demeure de l'estimable octogénaire, il semblait qu'on y respirât un air du siècle passé, tout parsemé de souvenirs, de pieuses méditations et de cette espèce de joie intime que procurent seuls l'oubli du monde et la bonne conscience.

funéraires [1] dans nos églises, telles qu'on est dans l'usage d'en placer, lors des funérailles des fidèles, autour du sanctuaire, derrière le saint-autel et à l'entrée du temple. Il condamnait jusqu'au deuil pris à cette occasion par le clergé [2]. Il réprouvait par-dessus tout les emblèmes de la mort mis sur les cierges et les torches ardentes... Mais en livrant ses protestations à une publicité restreinte, il s'empressé de faire cet acte de grande soumission : « Si dans » nos écrits, dit-il, on découvre quelques lignes contre » la foi catholique, qu'ils soient déchirés et foulés aux » pieds [3].... »

Les rapports échangés jusque dans ces dernières années, entre Morlanne et les autorités de l'administration ou de la science, parmi nous, font trop d'honneur à notre ville et à notre charitable concitoyen pour que nous n'en citions pas quelques-uns au moins.

Morlanne aimait sa ville natale. A différentes époques il avait eu occasion d'exprimer aux magistrats messins (et il l'avait fait dans le langage le plus touchant) les raisons qui l'avaient toujours empêché de quitter une province qu'il chérissait. En faisant hommage à la cité, des médailles qu'il avait reçues pour la propagation de la vaccine, le vénérable vieillard voulut acquitter envers elle la dette sacrée de la reconnaissance qu'un fils, malgré les

---

[1] Nous avons donné dans notre ouvrage (*Tablettes historiques du département de la Moselle*) l'origine, chez nous, des draps mortuaires placés à la porte de l'église et à celle de la maison du mort.

[2] « Le deuil, prétendait Morlanne, ne doit se produire que dans la maison « du défunt et parmi ses parents et amis. »

[3] Ce fut entraîné par un sentiment encore identique que Morlanne blâma par écrit l'ignorance du langage de la liturgie catholique chez la plupart des sacristains et des chantres de nos églises. Il eût voulu que, même dans les écoles de villages, on apprît aux enfants assez de latin pour qu'ils comprissent, sinon tous les chants religieux les plus fréquents, au moins les prières usuelles et les principales parties de la messe.

services les plus éminents et le dévouement le plus inalté-
rable, reconnaît devoir toujours à sa mère. M. Félix
Maréchal, maire de Metz, accepta avec le don le devoir que
la ville avait à remplir : celui de déposer ces médailles au
musée municipal où elles sont conservées comme un témoignage des travaux et des succès d'une des plus belles
illustrations du pays dans la carrière de la bienfaisance.

« Le sentiment, dit M. le maire dans sa lettre du 24
» juillet 1857, qui vous porte à faire don de ces mé--
» dailles à votre ville natale, ajoute à leur valeur, et je
» me félicite d'être appelé à vous en remercier au nom
» de la cité : elles transmettront à la postérité le souvenir
» d'une partie des nombreux services que vous avez rendus
» à l'humanité. »

De plusieurs lettres, toutes autographes, adressées à
Morlanne par le digne et vertueux prélat de notre diocèse,
Monseigneur Du Pont des Loges, nous copions la suivante
(elle est datée du 12 août 1857) :

« Monsieur, ce qui me vient d'un homme de foi et de
» charité comme vous, ne saurait que m'être agréable : le
» tableau que vous avez eu la bonté de m'offrir, déjà pré-
» cieux par son antiquité et par les saintes images qu'il
» représente, l'est encore beaucoup plus pour moi par les
» sentiments dont vous voulez bien m'honorer, et dont il
» sera un nouveau gage. Recevez mes remerciements,
» Monsieur, recevez surtout toutes mes bénédictions : que
» Dieu protége vos jours pour le soulagement et l'avantage
» des pauvres, et qu'il les rende de plus en plus *pleins*
» *devant ses yeux*, suivant le langage de l'Écriture, par
» le mérite des œuvres de piété et de charité. »

La Société des Sciences médicales du département de la
Moselle, placée sous le patronage de l'illustre Anuce Foës [1],

---

[1] Né à Metz en 1528.

s'était fait une satisfaction de nommer membre titulaire le médecin bienfaisant dont les droits à cette qualité reposaient sur une longue et habile expérience et sur les plus nobles qualités du cœur (délibération du 3 mars 1846). Un peu plus tard, Morlanne reçut de la même Société le titre de membre honoraire.

Le 8 juin 1858, MM. les docteurs Warin et Michaux, organes de la compagnie savante, écrivaient en ces termes à leur vénéré collègue :

« Monsieur et très honoré confrère, la Société des » Sciences médicales de la Moselle, dans sa dernière séance, » a examiné avec le plus vif intérêt la pièce si remarquable » d'anatomie pathologique dont vous avez bien voulu lui » faire don. Désireuse de conserver avec soin ce pieux » souvenir offert par l'un de ses membres honoraires les » plus vénérables, elle a chargé sa commission de la biblio- » thèque d'examiner la place où pourrait être le plus avan- » tageusement déposée cette pièce pathologique destinée » peut-être à devenir le point de départ d'un musée d'ana- » tomie analogue à celui que possèdent d'autres grandes » villes.

» Notre Société, Monsieur et très honoré confrère, vous » a, par un vote unanime, adressé ses plus sincères » remerciements; nous sommes heureux d'avoir en ce » moment à vous les transmettre. »

Morlanne était chevalier de la Légion d'honneur depuis le 10 décembre 1849. Une lettre du 6 août 1856, signée par le général du génie, M. Ardant, nous fait connaître que notre compatriote devait être proposé, cette année même, pour la croix d'officier de l'ordre. M. Ardant lui exprimait combien il était heureux d'être instruit de cette proposition dont un officier-général, ayant commandé la division militaire de Metz, se réservait l'initiative, et combien surtout son contentement serait vif de le voir obtenir une récompense qu'il avait méritée par la voie la plus digne et la plus honorable.

L'approche de la mort imprima naturellement aux dernières années de Morlanne un cachet grave et mélancolique ; sans perdre de la sérénité de son caractère il se plaisait cependant davantage dans la solitude, prolongeait volontiers ses prières, et ne négligeait rien pour se mettre, comme il le disait, en état de paraître devant son Maître.

Ce fut dans ces heureuses dispositions qu'il fut pris par une sorte de langueur qui mina insensiblement ses forces....

De toutes parts arrivèrent au malade les marques les plus touchantes de l'estime et de l'affection générale. Les personnes les plus respectables, que ses rares qualités et ses vertus lui avaient attachées, vinrent le visiter et lui firent entendre des paroles de remercîment et de consolation....

Le mardi 7 janvier 1862, à trois heures du matin, le bon vieillard expira sans douleurs apparentes, calme et paisible comme le cours de sa longue vie. Il avait la bouche entr'ouverte et le regard tourné vers le ciel. Sa main serrait encore la petite croix d'argent qu'elle avait tant de fois approchée des lèvres pâles du moribond, et une grosse larme achevait de couler de ses joues flétries.... Tout était fini pour lui sur la terre !

La nouvelle de la mort de ce vénérable père — c'est le nom qu'on se plaisait à lui donner, et qu'Etienne Morlanne, dans sa bienveillante familiarité, aimait à entendre — fut bientôt connue par toute la ville. La maison mortuaire se remplit en peu d'heures de gens de toutes sortes qui s'avançaient le chapeau bas, le tablier sur les yeux ; tous les visages étaient consternés, et l'on pleurait sans bruit.

Le corps, enveloppé d'un simple linceul, dut être exposé dans une salle basse. Aucun mouvement convulsif n'avait altéré les traits du visage du mort, il semblait plutôt dormir. Une foule recueillie se renouvela sans cesse, jusqu'à la matinée du jeudi, moment fixé pour les obsèques. Riches et pauvres se trouvèrent fréquemment confondus et unirent leurs regrets.... [1]

Selon le désir qu'Etienne Morlanne avait manifesté durant sa vie, on enferma dans le même cercueil une partie des ossements de sa mère, que lui-même avait recueillis de ses mains, lorsqu'on avait renouvelé le cimetière où elle reposait.

Si l'on eût suivi les intentions du défunt, on se serait contenté de lui faire les obsèques les plus modestes. Mais, à plusieurs titres, des funérailles solennelles lui étaient dues. Sa famille et la fabrique de l'église Saint-Maximin, sa paroisse, se chargèrent d'accomplir ce pieux devoir. L'affluence fut là aussi considérable.

Après le service, le convoi fut dirigé vers le cimetière de l'Est, où, par un sentiment des plus honorables, l'administration municipale avait décidé que la dépouille mortelle de l'homme de bien aurait sa sépulture dans un terrain concédé gratuitement à perpétuité. Les pauvres surtout accompagnaient en pleurant les restes de leur père. Les sœurs de la Charité Maternelle suivaient aussi, révélant enfin aux indigents la source longtemps cachée des secours qui avaient fondé ensuite soutenu leur maison hospitalière, ainsi que les nombreuses offrandes de tous genres qui avaient passé par leurs mains.

Avant de quitter le champ du repos, — où le prêtre était venu achever les prières prescrites par l'Église catholique, dans sa touchante sollicitude pour les morts, — Messieurs les membres de la Société des Sciences médicales du dépar-

---

[1] Une heure environ avant la levée du corps, les assistants ont été les témoins d'une scène vraiment émouvante. Ils ont vu, à l'arrivée de plusieurs dames bien connues par leurs œuvres de charité éclairée, une longue file d'entre les plus pauvres qui emplissaient la demeure, ouvrir ses rangs et s'éloigner volontairement, jusqu'à ce que ces respectables dames se fussent retirées.

tement de la Moselle ont voulu rendre un dernier hommage à leur bien-aimé confrère, à leur doyen. M. le docteur Degott, président de cette Société, a prononcé un discours sorti du cœur, pendant lequel l'émotion de l'orateur s'est manifestée parmi ses collègues et les autres assistants... Toutes les voix se sont unies à celle de M. le docteur Degott pour confondre, dans cet adieu suprême, l'expression des sentiments les plus vrais de reconnaissance, d'estime et de vénération.

Les puissants et les humbles qui se pressaient autour du cercueil, sont revenus du cimetière, plus charitables ou plus résignés. Et le noble vieillard a fait ainsi le bien jusqu'au bord de la tombe et jusqu'aux portes du ciel.

Sur le monument qui sera élevé à la mémoire d'Étienne-Pierre Morlanne, — le bienfaiteur des pauvres de la ville de Metz, le fondateur ou le soutien de plusieurs de nos établissements charitables, — on inscrira certainement ses droits à la gratitude des uns et à l'estime de tous, et aussi son respect pour la religion qui a été le principe fécond de ses bonnes actions et de ses vertus, qu'il a couronnées enfin par une mort toute chrétienne. Au reste, pour éterniser la mémoire de l'homme de bien, il y a mieux que le marbre et le ciseau des plus habiles sculpteurs, mieux que la toile et les pinceaux, il y a les bienfaits qui survivent, il y a pour Étienne-Pierre Morlanne, les milliers de cœurs que son nom fait battre d'attendrissement et de reconnaissance.

En écrivant cette biographie, nous avons voulu donner satisfaction à des vœux légitimes, et nous nous sommes imposé la loi de n'admettre que des faits appuyés sur des preuves irrécusables. Nous avons eu l'intention de proclamer seulement les principaux actes de cette vie belle et édifiante, qui permet de croire que celui qui nous a laissé de si purs exemples occupe une place élevée dans le bienheureux séjour, où chacun sera rémunéré selon ses œuvres.

Il appartient à une plume plus compétente, à un de ces honorables médecins que Morlanne était heureux de nommer ses collègues, de rappeler ses titres scientifiques et les qualités qui le recommandaient comme citoyen, excellent ami, confrère bienveillant et dévoué.